ALBERT GLATIGNY

ROUEN

1431 — 1870

PRIX : 50 CENTIMES

PARIS
ALPHONSE LEMERRE, ÉDITEUR
47, PASSAGE CHOISEUL, 47

1871

ROUEN

ALBERT GLATIGNY

ROUEN

1431 — 1870

PARIS

ALPHONSE LEMERRE, ÉDITEUR

47, PASSAGE CHOISEUL, 47

1871

ROUEN

Lorsque viendra le jour de la grande revanche,
Lorsque tu sortiras immaculée et blanche
De ce fleuve de sang qui déborde sur toi,
O France! quand Paris, ardent et plein de foi,
Conduisant par la main la jeune République
Jettera de sa voix vibrante et métallique
A tous les vents du ciel le cri de Liberté;
Quand verdira l'épi sur le sol dévasté,
Quand la Patrie enfin respirera, clémente,
Ne se souvenant plus même de la tourmente
Qui mugit à cette heure et cache le soleil;

*

Quand de l'horrible nuit naîtra le doux réveil,
O France! parmi ceux qui sèmeront des roses
A tes pieds et viendront, alertes virtuoses,
Célébrer ta victoire, et te demanderont
Un brin de ton laurier pour en parer leur front,
France! les déserteurs, les traîtres au cœur lâche,
Ceux qu'on aura vu fuir devant la noble tâche,
Ceux qui, pour épargner leur maison et leur sang,
Auront plongé, ceux-là seront au premier rang.
Et lorsque tes vrais fils, mains vaillantes et sûres,
Silencieusement panseront leurs blessures,
Jouissant de ta joie et graves à l'écart,
Les autres à grands cris réclameront leur part
Dans le triomphe auguste, et ces geais vils et chauves
Prendront alors des airs de matamores fauves
Et diront : « J'en étais ! » en parlant des héros !

Non! quand je vois qu'on tombe aux genoux des bourreaux,
A cette heure d'angoisse où mon pauvre village
Désarmé subira peut-être le pillage,
Demain, ce soir; à l'heure où, pendant que ces vers
S'échappent de mon cœur navré, court à travers
La forêt un frisson de honte et d'épouvante;
Quand j'entends résonner sur la terre mouvante
Le sabot des chevaux prussiens ; au milieu
De ce pays couvert de chaumières en feu,
Je vous dénoncerai du moins, ô lâches villes,
Prêtres fourbes, préfets couards, maires serviles

Arrachant les fusils des mains des habitants,
Ouvrant à l'ennemi la porte à deux battants !

O triste Normandie ! oh ! je pleure de rage
En songeant que ton sol sans gloire et sans courage
Est le mien ! que c'est là que j'ai grandi ! Vraiment,
Si je vis, je ne veux plus me dire Normand !
Depuis hier Évreux et Rouen, sans bataille,
Rendus, vendus, livrés, foulés comme la paille
Sous les pieds des uhlans ivres-morts ! Lieux maudits !

Pierre Corneille a vu, sous ses yeux interdits,
Défiler en chantant les soldats de Guillaume.
Bronze auguste ! ô romain ! ô sévère fantôme,
O grand homme inflexible en ton honneur abrupt,
Vois ce que ton pays fait de ton : « QU'IL MOURUT ! »

Les ouvriers voulaient courir aux barricades,
S'embusquer dans les bois, tendre des embuscades ;
Ils étaient désarmés, on n'avait plus le temps !
Car l'ennemi venait, joyeux, tambours battants.
Pendant que les soldats, sur une fausse route,
Trompés, trahis, vendus, se tenaient à l'écoute.
Cela s'est fait, c'était d'avance comploté !
Par qui ? — maire ? préfet ? évêque ? ô lâcheté !
Un ancien sénateur, un nommé Bonnechose ?
Qui donc a résolu l'abominable chose ?
Oh ! que ces Rouennais sont bien les fils de ceux

Qui, tenant une torche entre leurs doigts graisseux,
Ont jeté Jeanne d'Arc sur le bûcher en flammes!
O peuple de marchands et de boursiers, infâmes
Et dans les temps nouveaux et dans les temps anciens!
Leurs femmes ont léché les pieds des Prussiens!

O France! quand viendra l'heure de délivrance,
Voudras-tu recevoir encore, ô noble France!
Dans ton sein généreux ce pays éhonté?
Fais-en un bagne, un lieu sinistre et redouté,
Un Montfaucon où rampe une foule avilie;
Arrache à tout jamais cette page salie
De ton histoire, ô France! et jette sur ce nom
La cendre des cités qu'abattit le canon,
La cendre de Phalsbourg, de Toul, de Thionville,
De la fière Strasbourg, de Châteaudun, la ville
Qui renaîtra demain une couronne au front!
Vous Évreux et Rouen, conservez votre affront,
Gardez-le; vautrez-vous sans pudeur et sans honte
Aux pieds du caporal allemand qui vous dompte;
Payez tant pour garder intacte votre peau
Et celle du goujat qui vous mène en troupeau,
Mais n'essayez jamais de relever la tête,
Car l'avenir vengeur a déjà la main prête
Et levée, ô hideux refuges de valets,
Pour rabattre aussitôt votre face à soufflets!

Beaumesnil, 8 décembre 1870.

A mon Cousin

ALBERT DUPONT

Tué au combat de Buchy.

Et c'est pour eux, pour tous ces lâches, pour défendre
Le pays qu'ils venaient furtivement de vendre,
Que tu dors à présent dans la terre ! pour eux
Que le sol s'est rougi de ton sang généreux !
C'est pour eux que tes yeux sont clos, et que ta mère,
O martyre saignante aux mains du victimaire !
Répète en sanglotant : « Mon pauvre enfant est mort ! »

Tu riais à la vie, heureux, alerte, fort,
Jeune comme Marceau, beau comme lui, candide,
Tes vingt-deux ans avaient un horizon splendide ;
Ton cœur enthousiaste aimait la Liberté ;
Le jour où la Patrie en pleurs avait jeté
Le cri d'alarme, calme et le sourire aux lèvres,
Tu t'étais présenté brûlant des saintes fièvres ;
Tu voulais délivrer la France, ô noble enfant !
Tes lettres, où vibrait un accent triomphant,

Me parlaient de ce jour où notre République
Se dresserait, tenant le rameau symbolique,
Sur le monde ébloui qui la vénérerait.
O dans les pins, le vent qui remplit la forêt!
Te voilà mort, et mort pour la ville sans gloire
Qui recula devant la lutte et la victoire!
Oh! ton sang jeune et pur, j'en veux marquer au front
Ces hommes sans pudeur, ces hommes qui vivront
Sous le mépris et sous la haine universelle!

Toi, dors en paix, enfant. La lumière ruisselle
Sur ton jeune cercueil, et l'on est fier de toi,
Soldat mort plein d'ardeur et d'amour et de foi!
Dors avec les héros, repose avec les braves!
C'est de pareils tombeaux que sort, aux heures graves,
Le saint enseignement, l'exemple bon pour tous.
Notre cœur devant eux est plus ferme et plus doux,
Et cette Cornélie auguste, la Patrie,
Aux autres nations, avec idolâtrie,
Montrant le vert gazon où ses enfants loyaux
Sont couchés dans la mort, dit : « Voilà mes joyaux! »

Beaumesnil, 22 décembre 1870.

Achevé d'imprimer

LE 30 AVRIL MIL HUIT CENT SOIXANTE-ONZE

PAR J. CLAYE

POUR A. LEMERRE, LIBRAIRE

OUVRAGES DU MÊME AUTEUR

POÉSIES D'ALBERT GLATIGNY. — *Les Vignes folles.* — *Les Flèches d'or.* — *Le Bois.* 1 vol. in-18, imprimé sur papier teinté.................................... 5 fr.

LE JOUR DE L'AN D'UN VAGABOND. 1 vol. in-12 couronne, imprimé sur papier teinté ; eau-forte de Gill. 2 fr.

LE BOIS, comédie en un acte, en vers. 1 vol. in-18.... 1 fr.

VERS LES SAULES, comédie en un acte, en vers. 1 vol. in-18.................................... 1 fr.

En préparation :

LES ANGOISSES D'UN VILLAGE. — *Souvenirs familiers de l'Invasion.* 1 volume.

GILLES ET PASQUINS. 1 volume.

www.ingramcontent.com/pod-product-compliance
Lightning Source LLC
Chambersburg PA
CBHW070438080426
42450CB00031B/2710